BEI GRIN MACHT SICH IHR WISSEN BEZAHLT

- Wir veröffentlichen Ihre Hausarbeit, Bachelor- und Masterarbeit

- Ihr eigenes eBook und Buch - weltweit in allen wichtigen Shops

- Verdienen Sie an jedem Verkauf

Jetzt bei www.GRIN.com hochladen und kostenlos publizieren

Henriette Schwarz

Das „Türkische" in W.A. Mozarts „Entführung aus dem Serail"

GRIN Verlag

Bibliografische Information der Deutschen Nationalbibliothek:

Die Deutsche Bibliothek verzeichnet diese Publikation in der Deutschen National-
bibliografie; detaillierte bibliografische Daten sind im Internet über http://dnb.d-
nb.de/ abrufbar.

Dieses Werk sowie alle darin enthaltenen einzelnen Beiträge und Abbildungen
sind urheberrechtlich geschützt. Jede Verwertung, die nicht ausdrücklich vom
Urheberrechtsschutz zugelassen ist, bedarf der vorherigen Zustimmung des Verla-
ges. Das gilt insbesondere für Vervielfältigungen, Bearbeitungen, Übersetzungen,
Mikroverfilmungen, Auswertungen durch Datenbanken und für die Einspeicherung
und Verarbeitung in elektronische Systeme. Alle Rechte, auch die des auszugsweisen
Nachdrucks, der fotomechanischen Wiedergabe (einschließlich Mikrokopie) sowie
der Auswertung durch Datenbanken oder ähnliche Einrichtungen, vorbehalten.

Impressum:

Copyright © 2012 GRIN Verlag GmbH
Druck und Bindung: Books on Demand GmbH, Norderstedt Germany
ISBN: 978-3-656-37928-7

Dieses Buch bei GRIN:

http://www.grin.com/de/e-book/209839/das-tuerkische-in-w-a-mozarts-entfuehrung-
aus-dem-serail

GRIN - Your knowledge has value

Der GRIN Verlag publiziert seit 1998 wissenschaftliche Arbeiten von Studenten, Hochschullehrern und anderen Akademikern als eBook und gedrucktes Buch. Die Verlagswebsite www.grin.com ist die ideale Plattform zur Veröffentlichung von Hausarbeiten, Abschlussarbeiten, wissenschaftlichen Aufsätzen, Dissertationen und Fachbüchern.

Besuchen Sie uns im Internet:

http://www.grin.com/

http://www.facebook.com/grincom

http://www.twitter.com/grin_com

1.) Einleitung 2
    1.1) Einführung: 2
    1.2) Der Wandel des „Türkenbildes": 3
2.) „Die Entführung aus dem Serail" 6
    2.1) Handlung: 6
    2.2) Die „türkische" Musik: 7
    2.3) Die „türkischen" Figuren 10
3.) Fazit: 18
4.) Literatur 21
    4.1) Sekundärliteratur: 21
    4.2) Quellen: 22

1.) Einleitung

1.1) Einführung:

„das Sujet ist türkisch und heist; Bellmont und konstanze. oder die verführung aus dem Serail. – die Sinfonie, den Chor im ersten ackt, und den schluß Chor werde ich mit türckischer Musick machen." (W.A. Mozart, 1781)[1]

Dies schrieb Wolfgang Amadeus Mozart in einem Brief an seinen Vater im August 1781 über sein populäres Singspiel „Die Entführung aus dem Serail". Es wurde im Jahre 1782 in Wien uraufgeführt und gilt in der Wissenschaft als typisches Beispiel für eine „Türkenoper".[2] Auf den ersten Blick mag es ungewöhnlich erscheinen, dass ausgerechnet ein türkisches Sujet den inhaltlichen Rahmen für ein deutsches Singspiel darstellt. Tatsächlich war es jedoch zu Mozarts Lebzeiten nichts Außergewöhnliches, dass „exotische" Elemente Eingang in die zeitgenössischen Künste fanden.[3]

Es stellt sich die Frage, welchen Zugang zur türkischen Kultur der Komponist besaß. Welche Möglichkeiten des Erlebens orientalischer Musik waren ihm gegeben und wie erlebte er wohl das „Türkische"[4] in seiner Zeit, das er schließlich in seiner Oper musikalisch und inhaltlich umsetzte?

Vermutlich konnte sich auch ein Wolfgang Amadeus Mozart nicht von den europäischen Traditionen der Wahrnehmung des „Türken" freimachen, deshalb ist es zur näheren Untersuchung der Oper unumgänglich, sich zunächst einen Überblick über den Wandel des „Türkenbildes" bis zu Mozarts Zeit zu verschaffen.

Anschließend wird der Fokus auf den hauptsächlichen Untersuchungsgegenstand der Arbeit, die Oper „Die Entführung aus dem Serail"[5], unter besonderer Berücksichtigung des

---

[1] Mozart, Wolfgang Amadeus: Mozart: Briefe und Aufzeichnungen Band III 1780-1786, hrsg. von der Internationalen Stiftung Mozarteum Salzburg. Gesammelt und erläutert von Bauer, Wilhelm A. und Deutsch, Otto Erich, S. 143.
[2] z.B. Csampai, Attila und Holland, Dietmar: Die Entführung aus dem Serail: Texte, Materialien, Kommentare, Hamburg 1983, S. 10f..
[3] Siehe dazu: S. 5ff.
[4] Begrifflichkeiten wie das „Türkische", der „Türke", das „Exotische" und Ähnliches werden in dieser Arbeit teilweise in Anführungszeichen gesetzt. Dies soll im jeweiligen Fall verdeutlichen, dass es sich nicht unbedingt um einen realistisch gefüllten Begriff, sondern in erster Linie um vorurteilsgeprägte Schlagwörter der damaligen Zeit handelt.
[5] Hier verwendete Aufnahme: Mozart, Wolfgang Amadeus: Die Entführung aus dem Serail, mit: Reichmann, Wolfgang; Kenny, Yvonne [u.a.]; Chor des Opernhauses Zürich, Mozartorchester des Opernhauses Zürich, Nikolaus Harnoncourt.
Notentext: Mozart, Wolfgang Amadeus: Die Entführung aus dem Serail, KV 384. Text von Christoph Friedrich

türkischen Sujets, gelegt. Dabei werden nach einer kurzen Zusammenfassung der Handlung zunächst ausgewählte Nummern in Hinblick auf Mozarts Verständnis „türckischer Musick" näher betrachtet, insbesondere die Ouvertüre und der Chor der Janitscharen. Das Hauptaugenmerk der Untersuchung soll jedoch auf zwei Figuren der Oper liegen: dem Haremswächter Osmin und dem Bassa Selim. Diese konträr agierenden Charaktere spiegeln zwei ebenso verschiedene Perspektiven der europäischen Wahrnehmung des „Türken" wider. Dieser Aspekt soll anhand einer genaueren Untersuchung des Wirkens und der Darstellung beider Figuren in der „Entführung" dargestellt werden. Die Ergebnisse der Betrachtungen hinsichtlich des vermittelten „Türkenbildes" werden dabei in Bezug zum zeitgeschichtlichen Kontext gesetzt.

Abschließend folgen einige zusammenfassende und weiterführende Gedanken über die vorherigen Untersuchungen.

1.2) Der Wandel des „Türkenbildes":

Zu Mozarts Lebzeiten war das „Türkische" ein regelrechter Trend in Wien und ganz Europa. Die „Turquerien" erreichten selbst den kaiserlichen Hof: Maria Theresia ließ sich im Jahre 1745 mit ihrer Tochter Anna Maria in türkischen Gewändern auf der Leinwand für die Nachwelt portraitieren. Auch für den gemeinen Bürger, insbesondere die obere Schicht, bot das Exotische die Möglichkeit, eigenen Phantasien und Sehnsüchten Raum zu geben – man kleidete sich „türkisch", kaufte „türkisches" Porzellan und unterhielt sich mit den Spielen der „Fremden".[6]

Diese Freude an den Traditionen der „Anderen" war historisch betrachtet jedoch eine recht junge Entwicklung: Noch bis zum Ende des vorangegangenen 17. Jahrhunderts galt das Osmanische Reich als eine furchteinflößende militärische Bedrohung. Seit dem Jahre 1453, in dem die Osmanen Konstantinopel erobert hatten, verbreitete sich die Angst vor den „barbarischen Türken" in ganz Europa. Dieses negative Bild manifestierte sich durch weitere Ereignisse, die von der Kriegsgefährlichkeit der Osmanen zeugten, zum Beispiel der Krieg

---

Bretzner, bearbeitet von Johann Gottlieb Stephanie d.J., Klavierauszug nach dem Urtext der neuen Mozart-Ausgabe, Kassel [u.a.] 2007.
[6] Abschnitt nach: Eibach, Joachim: Annäherung – Abgrenzung – Exotisierung: Typen der Wahrnehmung „des Anderen" in Europa am Beispiel der Türken, Chinas und der Schweiz (16. bis frühes 19. Jahrhundert), S. 36ff, in: Europäische Wahrnehmungen 1650-1850: interkulturelle Kommunikation und Medienereignisse, hrsg. von Eibach, Joachim und Carl, Horst, Hannover 2008.

um Ungarn 1526-41 oder die erste Eroberung Wiens 1529. Die Expansion des muslimischen Osmanischen Reiches galt bald als eine Gefahr, die nicht nur das geographische Europa, sondern die gesamte lateinische Christenheit bedrohte. Mit der Zeit formte sich ein Stereotyp des „grausamen Osmanen". Ein bedeutender Aspekt für die räumliche Ausweitung dieses „Türkenbildes" war die Verbreitung der Buchdrucktechnik in dieser Zeit: Auf diesem Wege konnte die „Türkenfurcht" auch über die Grenzgebiete hinaus getragen werden, beispielsweise durch Druckschriften, die angebliche Kriegstaten der Osmanen anschaulich schilderten. Diese Berichte beruhten zumeist auf Erfahrungen von Gesandtschaftsangehörigen oder ehemaligen Gefangenen. Ihr Wahrheitsgehalt ist allerdings zweifelhaft, da in ihnen vermutlich zahlreiche stereotypische Schilderungen und Topoi mit der historischen Realität verschmolzen und das Bild des mordenden, barbarischen Türken zeichneten. Darüber hinaus waren auch apokalyptische Motive in den Schriften zu finden, die das territoriale Vorrücken der Osmanen als Zeichen des baldigen Endes der Welt deuteten. Auch die geistliche Welt fühlte sich veranlasst, zum Kampf gegen den neuen „Erbfeind der Christenheit" aufzurufen. So hielt Kardinal Enea Silvio Piccolomini, der spätere Papst Pius II., im Jahre 1454 eine Türkenkriegsrede, die nachfolgend auch in schriftlicher Form verbreitet wurde.[7]

In der Wissenschaft wird dieses Phänomen der „Türkenfurcht" oftmals als charakteristisches Indiz für die Praxis der Selbstwahrnehmung des neuzeitlichen Europas gewertet. So stellt Joachim Eibach die These auf, dass die „Geschichte der Selbstwahrnehmung Europas [...] eine Geschichte der Wahrnehmung „des Anderen""[8] sei. Das von jeher starke Interesse am Fremden schärfe das eigene Selbstbild im „Angesicht des Anderen" durch konträre Gegenüberstellungen wie zum Beispiel „zivilisiert" und „wild" oder „rückständig" versus „fortschrittlich". Die „Türkengefahr" und das Streben nach ihrer Bekämpfung seien somit einheitsfördernd für das Europa dieser Zeit gewesen.[9]

Erst das 17. Jahrhundert brachte einen Wechsel der Wahrnehmung der Osmanen: Seit dem Türkenkrieg im Jahre 1663/64 nahmen die Misserfolge des Osmanischen Heeres zu; insbesondere die Niederlage 1683 vor Wien ließ die Angst vor der türkischen Expansion zurückgehen. Die „Türkenfurcht" wich dem „Türkenspott". Nun, da die Bedrohung nicht

---

[7] Abschnitt nach: Konrad, Felix: Von der „Türkengefahr" zu Exotismus und Orientalismus: Der Islam als Antithese Europas (1453-1914)?, in: Europäische Geschichte Online (EGO), hrsg. vom Institut für Europäische Geschichte (IEG), Mainz 2010, S. 5ff. URL: http://www.ieg-ego.eu/konradf-2010-de
Konrad beschreibt in seinem Artikel weitergehend, dass die "Türkenfurcht" von Kirche und Staat gezielt instrumentalisiert wurde, um die politische Ordnung zu stabilisieren und nach den Vorstellungen der Obersten umzusetzen.
[8] Eibach 2008, S. 13.
[9] Ebd. S. 13ff.

mehr unmittelbar zu sein schien, war auch eine objektivere Sicht auf die Feinde möglich. Die Wissenschaft beschäftigte sich zunehmend mit der fremden Kultur des Orients. Dabei begannen insbesondere die Tendenzen der Aufklärung sich positiv auf die Annäherung an das „Türkische" auszuwirken. Es zeichneten sich zwei Wahrnehmungsformen des „Türken" ab: Insbesondere die höher gebildete Oberschicht fand Gefallen an den exotischen Traditionen; in den elitären Kreisen verbreitete sich eine regelrechte Orientbegeisterung. Auf der anderen Seite wurde der Vorwurf des „Despotismus" als Organisationsform des Osmanischen Reiches laut, die Fortschritt und Weiterentwicklung verhindere. Der unwissende, barbarische Muslim fungierte als Gegenbild zum aufgeklärten, zivilisierten Europäer.[10]

Die Geburt des Komponisten Wolfgang Amadeus Mozart am 27. Januar 1756 fällt in die Epoche der Kaiserin Maria Theresia (1740-1780). Ihre Regierungsjahre waren hinsichtlich der Beziehungen zum Osmanischen Reich geprägt von Bemühungen um eine friedliche Verständigung mit dem ehemaligen Feind. 24 Jahre seines nur 35-jährigen Lebens verbrachte Mozart unter ihrer Herrschaft; eine Tatsache, die ihn möglicherweise beeinflusste, als er später seine Oper „Die Entführung aus dem Serail" komponierte.[11]

Kaiserin Maria Theresia an einen Gesandten:

„Die Versöhnung der beiden Länder hat eine grosse Freude hervorgerufen. Als Gesandter sind auch Sie unser Freund. Ich wünsche Sie mögen bei gegebener Gelegenheit den Weg der Vermittlung der beiderseitigen geistigen Annäherung und zur Bekräftigung der Freundschaft finden können."[12]

Es ist wahrscheinlich, dass Mozart einige der zahlreichen Gesandtschaften in dieser Zeit, die oftmals als prachtvolle Medienereignisse zelebriert wurden, in Wien oder Salzburg miterlebte. Diese öffentlichen Spektakel boten ihm vermutlich auch die Gelegenheit, türkische Musik zu erleben, da es üblich war, dass ein Janitscharenensemble den Festzug begleitete.[13]

---

[10] Abschnitt nach: Konrad 2010, S.18ff.
[11] Altar, Cevad Memduh: Wolfgang Amadeus Mozart im Lichte osmanisch-österreichischer Beziehungen, in: Revue Belge de Musicologie, Bd. 10, Brüssel 1956, S. 144f.
[12] Ebd. S. 144.
[13] Nach: Reinhard, Kurt: Mozarts Rezeption türkischer Musik, S. 518f., in: Bericht über den Internationalen Musikwissenschaftlichen Kongress Berlin 1974, hrsg. von Kühn, Hellmut und Nitsche, Peter, Kassel 1980.

2.) „Die Entführung aus dem Serail"
2.1) Handlung:

„Die Entführung aus dem Serail" wird zu der in dieser Zeit populären Gattung der „Türkenopern" gezählt. Die Entführung mit anschließender Gefangenhaltung europäischer Frauen durch wollüstige exotische Herrscher, die nur durch einen christlichen Helden beendet werden konnte, war eine typische Thematik dieser Opern. Dabei fungierte der Ort des Geschehens, der Harem, als eine Versinnbildlichung verbotener Verlockungen und luxuriöser Lebensweise. Vor Mozart setzten auch andere Komponisten des 18. Jahrhunderts dieses „Entführungsmotiv" in Musik, beispielsweise Christoph Willibald Gluck mit seiner Oper „La rencontre imprévue" (1764) oder Joseph Haydn in „L'incontro improviso" (1775). [14] Der Komponist und Musikfeuilletonist Hector Berlioz fasst den Inhalt der „Entführung" Mozarts anlässlich ihrer Erstaufführung im Pariser Théâtre-Lyrique im Jahr 1859 prägnant und treffend zusammen:

„Der Gegenstand der „Entführung" ist wieder ein türkischer. Auch hier widersteht die ewige europäische Sklavin dem ewigen Pascha. Diese Sklavin hat eine hübsche Zofe; beide haben junge Liebhaber. Diese Unglücklichen setzen sich dem Tode am Pfahle aus, um ihre Schönen zu befreien. Sie schleichen sich in den Serail ein und bringen dorthin eine Leiter, ja sogar zwei Leitern mit. Aber Osmin, ein Affe von einem Türken, und Vetrauensmann des Paschas, vereitelt ihre Pläne [...]. Aber der Pascha [...] erfährt, daß Belmont, Constanzens Geliebter, der Sohn eines spanischen Freundes ist, der ihm ehemals das Leben gerettet hat; er beeilt sich, unsere Liebenden zu befreien und sie nach Europa zurückzuschicken, wo sie dann vermutlich viele Kinder haben werden." [15]

---

[14] Mahling, Christoph-Hellmut: Die Gestalt des Osmin in Mozarts „Entführung". Vom Typus zur Individualität, in: Archiv für Musikwissenschaft, 30. Jahrgang, H. 2, 1973, S. 96ff.
[15] Csampai und Holland 1983, S. 148.

2.2) Die „türkische" Musik:

Schon in den ersten Takten der Oper überrascht die exotische Färbung der Musik im Gewand des Mozart-typischen Stils den Zuhörer. Mozart wendet dieses „türkische Kolorit" in der gesamten „Entführung" immer wieder an, um entsprechende inhaltliche Aspekte musikalisch zu untermalen. In der Musikwissenschaft gelten neben der Ouvertüre insbesondere die Arie des Osmin (Nr. 3), der Chor der Janitscharen (Nr. 5) und die Wiederholung des Janitscharenchores am Schluss der Oper (Nr. 21) als Nummern mit „türkischer Musik".[16]

Es fällt auf, dass die musikalischen Mittel, die Mozart einsetzt, um das „exotische Kolorit" zu erzielen, sich zu einem großen Teil auf einige immer wiederkehrende Merkmale beschränken. Der Charakter der Ouvertüre wird insbesondere vom „türkischen" Schlagwerk, bestehend aus Pauke, großer Trommel, Becken und Triangel, bestimmt. Mozart selbst beschreibt die Einleitung der Oper wie folgt:

„[D]ie ist ganz kurz – wechselt immer mit forte und piano ab; wobey beym forte allzeit die türkische Musik einfällt ... ich glaube, man wird dabei nicht schlafen können, und sollte man eine ganze Nacht durch nichts geschlafen haben." (Brief vom 26.09.1781)[17]

In der Tat dauert es nur wenige Sekunden, bis das exotische Instrumentarium nach den ersten, dynamisch zurückgenommenen Takten laut in den Vordergrund tritt. Heraus stechen hier insbesondere das Becken und die Piccoloflöte, die ebenfalls als ein typisch türkisches Instrument galt. Vermutlich standen Mozart für seine Aufführungen sogar originale Beutestücke zur Verfügung, insbesondere Trommeln und Becken. Der überraschende Effekt dieser einfallenden „Lärmmusik" verfehlte vermutlich auch bei den Zuhörern in Mozarts Zeit nicht ihre Wirkung: Schlaginstrumente galten gemeinhin als vulgär, daher war ihr Einsatz in Opernhäusern nicht üblich.

In der (je nach Aufführungstempo) etwas über vier Minuten dauernden Ouvertüre setzen sich die „türkischen" Gestaltungselemente auch nach dem furiosen Beginn fort. Der musikalische Verlauf des Stückes wird von ständigen Tonrepetitionen in Form von gleichmäßigen Achtelbewegungen bestimmt. Diese rhythmischen Monotonien sind in beinahe allen Instrumentengruppen zu finden; sie ahmen das Spiel der Triangel nach. Zudem unterstreichen

---

[16] Zum Beispiel in: Oberhoff, Bernd: Wolfang A. Mozart, Die Entführung aus dem Serail: ein psychoanalytischer Opernführer, Gießen 2008, S. 16.
[17] Mozart Briefe III, S. 163.

die meist kurzen, sich wiederholenden Motive sowie Ornamentierungen in der Melodie den „türkischen" Charakter der Ouvertüre.[18]

Plötzlich findet jedoch ein musikalischer Stimmungsumschwung statt (ca. 1:40 min): Es erklingen sanftere Töne in c-Moll und das „türkische" Instrumentarium verstummt für einige Takte. Es scheint fast so, als höre man ein vollkommen anderes Stück als wenige Sekunden zuvor. Ebenso unmittelbar fällt die „exotische" Musik dann wieder ein (ca. 3:05 min) und wiederholt die Motivik des ersten Teils; die Ouvertüre endet ebenso markant und laut, wie sie begann.

In der Ouvertüre stehen also zwei musikalische Wesenheiten nebeneinander: Zum Einen die grobe, lärmende „Türkenmusik" im Anfangs- und Schlussteil, zum Anderen die gefühlvolle Musik des mittleren Abschnitts. Möglicherweise verweist Mozart in der Exposition der Oper somit auf kommende Konflikte und Gegensätze im inhaltlichen Geschehen; man denke beispielsweise an die milde Güte des Bassas Selim, die dem rohen Wesen seines Haremswächters Osmin gegenübersteht.

Zudem gewährt die Ouvertüre einen Einblick in Mozarts Verständnis von „türkischer Musik". Der Komponist verbindet hier als typisch „osmanisch" geltende musikalische Elemente mit seinem persönlichen Stil, was dem Stück einen eigenen, markanten Charakter verleiht.[19]

Ähnlich verhält es sich beim „Chor der Janitscharen" (Nr. 5). Wer nach der lauten Exposition glaubt, dass Mozart die dynamischen Möglichkeiten des türkischen Instrumentariums hier bereits voll ausgeschöpft hat, irrt: Erst im Janitscharenchor erklingt das Schlagwerk in voller Besetzung, was zusammen mit dem stimmgewaltigen Choreinsatz „Singt dem großen Bassa Lieder" im zehnten Takt ein beeindruckendes Klangerlebnis bildet.[20] Die melodische Grundlage des Chors bilden vermutlich walachische Volksweisen, die somit zwar nicht im eigentlichen Sinne türkisch sind, jedoch für die exotische Färbung genügen.[21] Dieses kurze Stück hebt sich, ähnlich wie die Ouvertüre, durch seinen lebendigen Charakter hervor. Wieder spielen hier neben dem hervorstechenden Schlagwerk häufige Tonrepetitionen, insbesondere von Triangel und Trommeln, eine große Rolle. Eine weitere musikalische Parallele zur Exposition ist der jähe Umschwung nach (a-)Moll (ca. 0:40 min). Scheinbar gehörten auch

---

[18] Passage nach: Oberhoff 2008, S. 522.
[19] Siehe auch dazu: Reinhard 1980, S. 518ff.
[20] Raffelt, Reiner: Wolfgang Amadé Mozart – Die Entführung aus dem Serail: Beobachtungen zu Text und Musik aus einer unüblichen Perspektive, Anif/Salzburg 2007, S. 59f..
[21] Reinhard 1980, S. 522.

schnelle Wechsel von Dur- nach Molltonarten nach Mozarts Verständnis zum Gestaltungsrepertoire für „Türkenmusik".

Nach der kurzen Betrachtung dieser beiden Stücke lässt sich feststellen, dass Mozart hier auf eine relativ begrenzte Anzahl von Gestaltungselementen zurückgreift, um die „türkische" Wirkung seiner Musik zu erzielen.
Es stellt sich die Frage, welche Berührungspunkte er mit original-türkischer Musik haben konnte. Wie in Abschnitt 1.2 bereits erwähnt, bestand unter der Herrschaft Maria-Theresias ein guter Kontakt zum Osmanischen Reich. Zahlreiche Gesandtschaften kamen nach Österreich, meist begleitet von einem Janitscharenensemble, das militärische Marschmusik zum Besten gab. Vermutlich bekam auch Mozart das ein oder andere Mal die Gelegenheit, den festlichen Einzug und den Aufenthalt türkischer Gesandten mitzuerleben. Dafür spricht auch folgende Bemerkung im Brief an seinen Vater vom 8. August 1781:
„Ich muß geschwind schreiben, weil ich den augenblick eben mit dem Janitscharen-chor fertig geworden, und es nun schon 12 uhr vorbey ist, und ich versprochen habe Puncto 2 uhr [...] nach Mingendorf bey Laxenburg zu fahren, alwo nun das Lager ist."[22]
Möglicherweise handelt es sich bei dem erwähnten „Lager" um den Aufenthaltsort einer türkischen Gesandtschaft. Mozart erwähnt sein Ausflugsziel jedoch eher beiläufig, fast selbstverständlich, und hält es offenbar nicht für notwendig, seinem Vater weitere Erklärungen über die Gründe seines Besuches zu geben. Daher ist es durchaus denkbar, dass dies nicht das erste Mal war, dass Mozart solch ein militärisches Lager besuchte.

Sollte er in diesen Lagern die Gelegenheit gehabt haben, türkische Musik zu hören, waren es vermutlich Janitscharenkapellen. Die normale Besetzung eines solchen Ensembles umfasste etwa 50 Musiker, von denen die Mehrheit Spieler von Rhythmusinstrumenten wie Trommeln, Pauken, Becken, Triangel und dem Schellenbaum waren. Als Melodieinstrumente wurden Längsflöten oder Oboen und Trompeten verwendet. Die Musik der Janitscharenensembles war offenbar recht einfach strukturierte Marschmusik; gespielt wurde ohne Noten auf der Grundlage verschiedener Musiziermodelle. Demzufolge gibt es zwar Beschreibungen der Janitscharenmusik, jedoch keine exakten Aufzeichnungen der Stücke.[23]
Mit der zunehmenden Begeisterung für die Kultur des Orients begann man um 1700 sogar, in Europa eigene Janitscharenkapellen aufzustellen. Für die exotische Außenwirkung dieser

---

[22] Mozart Briefe III, S. 145.
[23] Mahling 1973, S. 99f..

Gruppen wählte man bevorzugt Sinti und Roma oder „Mohren" aus, die dann in phantasievollen Uniformen auf Schlag- und Blasinstrumenten Musik zum Besten gaben, die ein Türke wahrscheinlich nicht als die seines Landes erkannt hätte. Die Musik der Janitscharen erfreute sich in den Zeiten der „Türkenmode" großer Popularität und Verbreitung in Europa; es gilt jedoch als relativ unwahrscheinlich, dass authentische türkische Volks- oder Kunstmusik im damaligen Europa zu hören gewesen ist. Mozart übernimmt für die „Türkennummern" seiner Oper, was anhand der möglichen Hörerfahrungen dieser Zeit als typisch türkische Musikstilistik galt. Vermutlich waren dies aufgrund fehlender Kenntnisse anderer Kompositionen vorwiegend die Eigenarten der Marschmusik der Janitscharen, beispielsweise das markante Schlaginstrumentarium oder Gestaltungselemente wie die repetitive Kurzmotivik. Musikwissenschaftliche Versuche, originale türkische Melodien in Mozarts alla-turca-Stücken aufzuspüren, blieben dagegen bisher erfolglos.[24]

2.3) Die „türkischen" Figuren
2.3.1) Osmin – der „grausame Türke":

Der Aufseher der herrschaftlichen Villa ist eine der zwei türkischen Hauptfiguren der Oper. Er repräsentiert das bis ins 17. Jahrhundert verbreitete Bild des „grausamen Türken". Der Name „Osmin" ist eine Abwandlung von „Osman" und verweist somit auf den typisch „türkischen" Charakter des Haremswächters.[25] Auch in anderen Opern findet die Figur des Osmin Verwendung; meist in der Rolle eines klassischen Dieners. Mozart weist ihm jedoch in seiner „Entführung" eine größere Bedeutung zu: Gegenüber seinem Librettisten Stephani äußerte er vermutlich die Bitte, den Text zu ändern, um Osmin mehr ins Zentrum des Geschehens zu rücken. Tatsächlich tritt er in der endgültigen Version der Oper in sieben von insgesamt 21 Abschnitten auf, ist also in einem Drittel der Nummern präsent. Zudem ist Osmin die einzige türkische Figur, die solistische Gesangspartien übernimmt. In einem seiner zahlreichen Briefe an seinen Vater bemerkte Mozart in einem kleinen Personenverzeichnis Folgendes über die Rolle des Osmin: *„Osmin. aufseher über das landhaus des bassa. Ein grober Kerl. Baßist"* (26. September 1781) Der türkische Aufseher war der einzige, über den

---

[24] Passage nach: Eibach 2008, S. 38f..
[25] Raffelt 2007, S. 24.

der Komponist eine kurze Angabe zu Charakter und Besetzung machte.[26] Dies verdeutlicht die Wichtigkeit, die Mozart dieser Figur für seine Oper zuschreibt. In einem späteren Brief vom 13. Oktober 1781 heißt es: *„[...] doch ist die Poesie dem karackter des dummen, groben und boshaften osmin ganz angemessen."*.[27] Mozart findet scheinbar keine positiven Worte für den Haremswächter.

Umso überraschender ist es, dass Osmin nicht wütend und polternd in das Geschehen der Oper eintritt, sondern mit gefühlvollen Worten: *„Wer ein Liebchen hat gefunden, die es treu und redlich meint, lohn' es ihr durch tausend Küsse, mach' ihr all das Leben süße, sei ihr Tröster, sei ihr Freund."* (1. Akt, 2. Auftritt, 1. Strophe des Liedes)[28]. In dem 3-strophigen Lied erhält der Zuhörer einen Einblick in die Gefühlswelt Osmins. Scheinbar gibt es eine Frau, die eine weiche Seite in dem „groben" Türken zu Tage kommen lässt. Doch das schöne Gefühl der Verliebtheit ist nicht ungetrübt: *„Sonderlich beim Mondenscheine, Freunde, nehmt sie wohl in acht! Oft lauscht da ein junges Herrchen, kirrt und lockt das kleine Närrchen, und dann, Treue, gute Nacht."* (3. Strophe). Offenbar gibt es einen Konkurrenten um die Geliebte, deren Treue sich Osmin nicht sicher sein kann. Liebe, Eifersucht, Verlustangst – beinahe ist man während seines emotionalen Vortrags geneigt, Mitgefühl für den türkischen Aufseher zu entwickeln. Der zunächst recht sanftmütige Vortrag über sein Gefühlsleben steigert sich im Verlauf des zweiten Auftritts in zunehmende Aufgeregtheit. Osmin steigert sich in seine Angst, die Geliebte an einen anderen zu verlieren, immer mehr hinein. Belmonte, der ihm zwischendrin Fragen zum Bassa Selim stellt, wird von ihm zunächst ignoriert, wenn nicht sogar im Eifer seiner Worte überhört. Es wird deutlich, dass Osmin einen bestimmten Widersacher im Auge hat: Pedrillo, den Diener Belmontes. Demzufolge ist die Frau, der seine Liebesbekundungen gelten, vermutlich Blonde, denn die ist die Geliebte Pedrillos. Somit erscheinen Osmins Liebesbekundungen in einem anderen Licht: Er scheint Besitzansprüche an eine Frau zu stellen, mit der er nie zusammen war, geschweige denn sie in irgendeiner Form besessen hat. Und offenbar ist er bereit, diesen Alleinanspruch mit allen Mitteln durchzusetzen: *„So brav, dass man ihn spießen kann. [...] Auf einen Pfahl gehört sein Kopf!"*. Der „grausame Türke" in Osmin zeigt sich am Ende des zweiten Auftritts zum ersten Mal. Im dritten Auftritt verschärft sich die Situation durch das physische Hinzutreten des vermeintlichen Konkurrenten. Osmins Hass mündet schließlich in eine regelrechte „Wutarie": *„Du hast ein Galgengesicht, das ist genug. Erst geköpft, dann*

---

[26] Mahling 1973, S. 97f..
[27] Mozart Briefe III, S. 167.
[28] Textstellen des Librettos zitiert aus dem Textbuch in: Csampai und Holland 1983, S. 28-72.

gehangen, dann gespießt auf heiße Stangen, dann verbrannt, dann gebunden, und getaucht, zuletzt geschunden."

Verstrickt in die eigenen Ängste und provoziert durch Pedrillos Anwesenheit enthüllt Osmin einen Einblick in seine brutale Phantasie. Es ist eher unwahrscheinlich, dass diese Vorstellungen im Verlauf der Oper in die Bühnenrealität umgesetzt werden. Bemerkenswert ist jedoch, dass solche grausamen Schilderungen im eigentlich heiteren Singspiel überhaupt zu hören sind. Die Grundlage dafür ist der „exotische" Handlungsrahmen der Oper. In dieser zumeist aus Erzählungen bekannten Welt konnten in der Phantasie der Zuhörer viele Dinge geschehen, die in ihrem Alltag wohl undenkbar gewesen wären. Diese weit entfernten Begebenheiten erschreckten den ein oder anderen möglicherweise, waren jedoch zu weit entfernt von der eigenen Realität und somit ungefährlich. Auf diese Weise nutzt das Singspiel das türkische Sujet, um eine räumliche Distanz zu den angedeuteten Grausamkeiten zu schaffen und dem Publikum den scheinbar unbeschwerten Musikgenuss zu ermöglichen. Tatsächlich wurden jedoch durch solch brutale Schilderungen auf diese Art beim Zuhörer verborgene Urängste geweckt, die die eigene emotionale Verstrickung in den Handlungsverlauf der Oper unterbewusst um ein Vielfaches verstärkt haben dürften.[29]

Die ersten musikalischen Szenen des Osmin in der „Entführung" lassen keine Zweifel daran, dass er ein grober Mann mit boshafter Phantasie ist, wie es dem typischen „Osmanen" lange Zeit nachgesagt wurde. Ein weiterer Auftritt Osmins im zweiten Akt offenbart weitere Facetten seines „türkischen" Charakters: Hier gerät er in eine Diskussion mit der Frau, über die er sein Lied im ersten Akt sang. Osmin soll Blonde in der Villa des Bassas beaufsichtigen und zeigt sich negativ überrascht, dass diese nicht die Gefügigkeit an den Tag legt, die er von einer Frau erwartet: *„Hier sind wir in der Türkei, und da geht's aus einem andern Tone. Ich dein Herr, du meine Sklavin; ich befehle, du mußt gehorchen!"* (2. Akt, 1. Auftritt). Blonde steht ihm jedoch selbstbewusst gegenüber: *„Mit europäischen Mädchen springt man nicht so herum; denen begegnet man ganz anders"* und weiter: *„Ich bin eine Engländerin, zur Freiheit geboren, und trotze jedem, der mich zu etwas zwingen will!"*. Hier wird die scheinbare grundverschiedene Auffassung der Geschlechterrollen deutlich, die Osmin und Blonde jeweils vertreten. Der türkische Aufseher sieht den Mann als dominanten Part in der Zweierbeziehung, dem sich die Frau unterordnen soll – ungeachtet dessen, ob es sich um eine Türkin oder eine Europäerin handelt. Blonde hingegen steht für die unabhängige Frau, die danach strebt, ihre individuelle Freiheit ungeachtet des Willens eines Mannes auszuleben.

---

[29] Abschnitt nach: Oberhoff 2006, S. 25ff.

Dabei verweist sie nicht nur explizit auf die Andersartigkeit der europäischen Frauen gegenüber den türkischen, sie spricht sogar davon, ihnen etwas von der ihr eigenen Mentalität zu lehren: *„Sind eure Weiber solche Närrinnen, sich von euch unterjochen zu lassen, desto schlimmer für sie. In Europa verstehen sie das Ding besser. Laß mich nur einmal Fuß hier gefaßt haben, sie sollen bald anders werden."*.[30]

An dieser Stelle der Oper lässt sich ein klarer Bezug auf die kontrastierende Gegenüberstellung des „rückständigen Muslims" im Vergleich zum „aufgeklärten Europäer" herauslesen. Hier werden nicht nur Unterschiede in Bezug auf das Frauenbild verdeutlicht, eine englische Hauptfigur der Oper verleiht sogar ihrem Wunsch Ausdruck, den „unwissenden Türkinnen" den Fortschritt zu bringen. Das europäische Mann-Frau-Modell wird gegenüber dem türkischen als positiv gewertet.

In der Tat galt das aus europäischer Sicht moralisch verwerfliche Beziehungsmodell des Islams zu Mozarts Zeit als gravierendes Problem des Osmanischen Reiches. Kritisiert wurde insbesondere die despotische Position des Mannes innerhalb des Familienverbands; daraus resultierend werde die Frau zu dessen Sklavin. Die polygame Lebensweise der Türken wurde der moralisch höher wertigen monogamen Beziehungsform in Europa gegenübergestellt. Das Ergebnis dieses Familiendespotismus sei nicht nur die Unfreiheit der Frau, er begründe zugleich den Despotismus als Herrschaftsmodell, welcher eine Ursache für den rückständigen Zustand der islamischen Länder sei. Auch für die Neigung zu dieser Form der staatlichen Organisation fand die Wissenschaft eine Erklärung. Der französische Aufklärer und Theoretiker Charles-Louis de Secondat, Baron de Montesquieu stellte in seinem 1747 erschienenen geschichtstheoretischen Werk „De l'esprit de lois" die These auf, dass das heiße Klima der orientalischen Regionen die Menschen verweichlichen ließe. Dadurch ließen sie sich eher einer despotischen Herrschaft unterwerfen als die Bewohner des klimatisch gemäßigten Europas, in dem Monarchie und Republik als Staatsformen vorherrschten. Zu Mozarts Lebzeiten gab es demnach wissenschaftliche Tendenzen, die eine naturgegebene und somit unüberbrückbare Differenz zwischen West und Ost konstruierten.[31]

Mozart verarbeitet bei der Darstellung der Figur des Haremswächters diese gesellschaftlichen und wissenschaftlichen Diskurse seiner Zeit.

Obwohl er scheinbar Gefühle für sie hegt, reagiert Osmin im Dialog mit Blonde barsch auf ihre Erwiderungen. Der „rückständige Türke" hat aufgrund seiner Herkunft keine andere

---

[30] Passage frei nach: Ebd., S. 51ff.
[31] Konrad 2010, S. 22ff.

Möglichkeit, als den europäischen Ansichten Blondes verständnislos gegenüber zu treten. Dies bedeutet meines Erachtens jedoch nicht, dass seine Zuneigung für sie nicht real ist.

Der Kulturkritiker Ludwig Börne schrieb einst über Osmin, dass er *„so ein erboster Kerl [sei], der alle Welt haßt, weil er nicht lieben kann [...]".*[32] In diesem Punkt muss ich Börne widersprechen. Mein Empfinden nach der näheren Betrachtung zweier Auftritte Osmins ist, dass seine Zuneigung gegenüber Blonde durchaus von aufrichtiger Natur ist. Warum sonst sollte er in diesem Maße emotional auf die zu erwartende Enttäuschung seiner Gefühle reagieren? Zweifelsohne liegt jedoch eine gewisse Tragik in dieser Figur. Osmin steht der Europäerin Blonde mit einer unbeholfenen Art von Liebe gegenüber, die schicksalshaft einseitig bleiben muss, da er den Erwartungen und Traditionen seiner türkischen Kultur unterworfen ist.

Aus der Komplexität dieses Charakters ergeben sich in der Musikwissenschaft verschiedene Ansichten über den türkischen Aufseher. Dabei neigen manche zu einer einseitigen Sicht auf diese Figur, die sich oftmals auch bei der Präsentation auf der Bühne widerspiegelt. Ich vertrete wie Mahling[33] die Ansicht, dass die Darstellung Osmins als bloßer Bösewicht oder rein komischer Charakter zu eindimensional ist. Vielmehr bin auch ich der Auffassung, dass Mozart dem Haremswächter in seiner Oper verschiedenste Eigenschaften zuschreibt. Osmin ist grob, gemein, missmutig und von einfacher Natur. Andererseits mag er Blonde und zeigt sich eifersüchtig gegenüber ihrem Geliebten Pedrillo – diese Gefühle provozieren schließlich seine boshaften Ausbrüche. Somit wird Osmin nicht nur als stereotypisch „grausamer Türke" dargestellt, sondern als Person mit vielfältigen charakterlichen Facetten, deren Handeln durch persönliche Gefühle motiviert ist.[34] Er ist ein Mensch, wenn auch möglicherweise kein guter.

Mozart fügt also in der Opernfigur des Osmin die Vorstellung des unmenschlich „grausamen Türken" mit menschlicher Emotionalität zusammen und schwächt den stereotypischen Gedanken in Bezug auf den „Osmanen" dadurch ab. Möglicherweise ist dies als Resultat seiner Beschäftigung mit aufklärerischen Ideen seiner Zeit zu werten.

---

[32] Zitat nach: Mahling 1973, S. 108.
[33] Siehe dazu: Ebd. 1973., S. 107f..
[34] Frei nach: Ebd., S. 107.

2.3.2) Bassa Selim – der „edle Wilde":

Noch deutlicher zeigen sich Züge des aufklärerischen Gedankenguts in der Figur des Bassa Selim. Es ist wahrscheinlich, dass Mozart selbst einige Änderungen im originalen Text von Christoph Friedrich Bretzner veranlasste, um den türkischen Herrscher zu einem Ideal der Humanität emporzuheben. In der ursprünglichen Fassung des Librettos ist Belmonte Selims Sohn, so dass dieser gar keine andere Wahl hat, als ihn zu verschonen. In Mozarts „Entführung" ist Belmonte jedoch der Nachkomme von Selims Todfeind.[35] Dass er ihm und Konstanze die Freiheit schenkt, ist ein wahrhaft gütiger Akt: *„Ich habe deinen Vater viel zu sehr verabscheut, als daß ich je in seine Fußstapfen treten könnte. Nimm deine Freiheit, nimm Konstanzen, segle in dein Vaterland, sage deinem Vater, daß du in meiner Gewalt warst, daß ich dich freigelassen, um ihm sagen zu können, es wäre ein weit größer Vergnügen, eine erlittene Ungerechtigkeit durch Wohltaten zu vergelten, als Laster mit Lastern tilgen."* (3. Aufzug, letzter Auftritt).

Selim ist in der Oper ausnahmslos sprechend zu hören und nimmt nicht am gemeinsamen Gesang der Anderen teil. Die musikalische Abgrenzung von den übrigen Figuren verweist auf seine moralische Erhabenheit, die sich am Ende der „Entführung" offenbart.

Auch der Name des Herrschers bezeugt seinen ehrenwerten Charakter: „Selim" ist eine türkische Form des arabischen „Salims" und steht für den „Gutherzigen" oder „Ungefährlichen". Zudem trugen in der Vergangenheit drei türkische Sultane den Namen „Selim".[36]

Trotz der türkischen Herkunft seines Namens ist der Pascha im engeren Sinne vermutlich kein Türke, sondern der Sohn eines arabischen Kaufmannes. Einige Jahre zuvor geriet er in eine Auseinandersetzung mit einem spanischen Kommandanten an der nordafrikanischen Küste; infolge dessen war er dazu gezwungen, sich in das Osmanische Reich zu flüchten. Dort gelangte er zu neuem Reichtum und Besitz. Während eines Aufenthalts in Spanien erwarb er sich die westeuropäische Bildung, an der er auch in späteren Jahren festhielt und die er mit der orientalischen Kultur verband.[37]

Diese wenigen biografischen Informationen sollen scheinbar zwei Dinge in Bezug auf Selim hervorheben: Zum Einen ist der Herrscher in seinem Ursprung zwar exotisch, aber nicht

---

[35] Csampai und Holland 1983, S. 10.
[36] Raffelt 2007, S. 24.
[37] Bimberg, Guido: Wer ein Liebchen hat gefunden. Mozarts „Entführung aus dem Serail" in ihrer Zeit, Leipzig 1990, S. 46.

türkisch. Zum Anderen - und dies ist nach meiner Ansicht nach der bedeutendere Aspekt - genoss er durch Reisen, beispielsweise nach Spanien, eine europäische Bildung.

Der Stereotyp des „rückständigen Türken" ist somit auf den Bassa von vornherein nicht anwendbar, was seinen überraschenden Akt der Güte, bei dem er seinen Gefangenen in die Freiheit entlässt, erklärbarer macht. Der Herrscher ist mit der europäischen Lebensart vertraut und weniger „rückschrittlich" als sein Wächter Osmin. Möglicherweise nehmen diese Bildungserfahrungen Einfluss auf sein mildes Handeln am Schluss der Oper.

In vorherigen Adaptionen des Stoffes der „Entführung", wie zum Beispiel dem Lustspiel „The Sultan, or a peep into the Seraglio" von Isaac Bickerstaffe von 1756, ist der Bassa meist als typischer „wilder Türke" dargestellt. Dass Mozart die Figur in seiner Oper anders interpretiert, ist vermutlich den Einflüssen seiner Zeit geschuldet. Die Zeit, die der Komponist in Wien verbrachte, deckte sich mit den Herrschaftsjahren, in denen Joseph der II. das Land regierte.[38] Diese politisch bewegte Epoche war geprägt von den Prinzipien des aufgeklärten Absolutismus, der in seiner österreichischen Ausformung auch als „Josephinismus" bezeichnet wird. Die josephinischen Reformen waren in ihrer Umsetzung der staatlichen Kontrolle unterstellt, vollzogen jedoch den Wandel des gesellschaftlichen Denkens mit.[39] Es ist wahrscheinlich, dass Mozart und sein Librettist die Vorstellungen des Kaisers bei der Ausarbeitung der Operncharaktere in der Figur des Bassas reflektierten und in ihm die Vorstellung eines liberalen Herrschers musikalisch verwirklichten. Die Verbindung von zeitgenössischen politischen Ideen und dem zu dieser Zeit populären „exotischen" Sujet bot die Gelegenheit, mit der Kunstfigur Selim ein humanistisches Vorbild zu schaffen.

Gegenwärtig erscheint es uns nicht nur naheliegend, sondern beinahe unumgänglich, Musik auch im politischen Kontext ihrer Zeit zu untersuchen. Diese Herangehensweise war jedoch nicht immer selbstverständlich; in der Wissenschaft galten politische Bezüge in Mozarts Kompositionen lange Zeit als ausgeschlossen. Das Ausblenden des historischen Kontexts führte in der Vergangenheit oftmals zu unzureichenden Deutungen der Mozart-Opern. Noch im 20. Jahrhundert sprach der Musikwissenschaftlicher Friedrich Blume Mozart und seinen Kompositionen jegliche Beschäftigung mit dem Politischen ab:

„Politik berührt Mozart nicht. [...] weder die Josephinischen Reformen noch die frz. Revolution werden auch nur mit einem Wort [sc. in Mozarts Briefen] erwähnt.".[40]

---

[38] Ebd., S. 47.
[39] Näheres dazu in: Reinalter, Helmut: Aufgeklärter Absolutismus und Josephinismus, S. 11ff, in: Der Josephinismus. Bedeutung, Einflüsse und Wirkungen, hrsg. von Reinalter, Helmut, Frankfurt am Main 1993.
[40] Splitt, Gerhard: Mozarts Musiktheater als Ort der Aufklärung: Die Auseinandersetzung des Komponisten mit der Oper im josephinischen Wien, Freiburg 1998, S. 13ff.

Mozart mag sich in seinen Briefen nicht explizit mit dem Staatsgeschehen auseinandergesetzt haben, dies rechtfertigt es jedoch nicht, ihm jegliche politische Berührungspunkte abzusprechen. Bekannt ist, dass er Mitglied in mehreren Vereinigungen der Freimaurer war, so zum Beispiel in der Loge „Zur Wohltätigkeit", die insbesondere humanitäre Grundsätze vertrat. Daraus lässt sich durchaus auf ein Engagement in Bezug auf Politisches schließen, das wahrscheinlich nicht nur das Denken Mozarts, sondern auch sein künstlerisches Schaffen beeinflusste.

In seinem Aufsatz „Der Wiener musikalische Stil" erkennt Walter Pass diese Tatsache und spricht Mozart darüber hinaus ein politisches „Verantwortungsgefühl" zu, die in seiner Musik zum Ausdruck käme. Geschichtsbewusstes Denken sei selbstverständlich für ihn und in all seinen Werken wiederzufinden. Dieses historische Bewusstsein sei auch ein Grund für sein Streben nach ständiger Weiterentwicklung.[41]

Mit der Figur des aufgeklärten, weisen Bassas entwickelt Mozart also eine politische Aussage, die in Verbindung zum aufklärerischen Gedankengut der Zeit steht. Tatsächlich war das Bild des „edlen Wilden" im 18. Jahrhundert eine beliebte Vorstellung bei der Betrachtung des Fremden. In Abschnitt 1.2 wurden die verschiedenen Richtungen, die sich in Bezug auf das Türkenbild abzeichneten, bereits erwähnt. Der Schweizer Historiker Urs Bitterli beschreibt zwei theoretische Grundtypen der Wahrnehmung fremder Völker, die sich in den Wahrnehmungstendenzen der Zeit wiederfinden lassen. Er unterscheidet zwischen der Begegnung mit dem Fremden auf annähernde oder abgrenzende Weise. Daraus würden sich der Stereotyp des „Barbaren" und des „edlen Wilden" ergeben. Das Andere werde dabei entweder als feindlich oder faszinierend wahrgenommen; deutliche Abgrenzung oder differenzierendes Annähern seien die Folgen. Diese Beschreibungen seien als idealtypisch zu betrachten; in der Wirklichkeit gingen die Phänomene oftmals ineinander über.[42]

Nach der obigen Betrachtung zweier Charaktere in der „Entführung aus dem Serail" scheint es durchaus denkbar, dass sich Bitterlis Modell sinngemäß auch auf die Darstellung der beiden türkischen Hauptfiguren übertragen lässt. Osmin symbolisiert dabei den „barbarischen Osmanen", der durch eine einfältige Denkweise sowie die Neigung zu boshaften Gefühlsausbrüchen gekennzeichnet ist. Der Bassa steht charakterlich in starkem Kontrast zu Osmin. Seine moralische Erhabenheit, die insbesondere durch seine gütige Entscheidung am Ende der Oper zutage tritt, zeigt, dass auch der „Fremde" ein edles Gemüt besitzen kann.

---

[41] Pass, Walter: „„Der Wiener musikalische Stil", S. 350f., in: Europa im Zeitalter Mozarts, hrsg. von Csáky, Moritz und Pass, Walter, Wien [u.a.] 1995.
[42] Nach: Eibach 2008, S. 19f..

Möglicherweise lässt sich Mozarts „Entführung" also in Bezug auf die darin verarbeiteten „Türkenbilder" auch als Reflexion und Widerspiegelung zeitgenössischer Wahrnehmungsformen des „Anderen" betrachten.

3.) Fazit:

Mozarts Oper „Die Entführung aus dem Serail" traf zweifelsohne den Nerv ihrer Zeit. Schon zu Lebzeiten des Komponisten – und das war nicht unbedingt üblich – war das Werk äußerst erfolgreich und seine meist gespielte Oper überhaupt.

„Sie übertraf die Erwartung des Publicums, und des Verfassers Geschmack und neue Ideen die hinreißend waren, erhielten den lautesten und allgemeinsten Beyfall."[43]

Neben Mozarts wunderbarer Musik war es vermutlich auch die damals relevante Thematik, auf der sich das große Interesse des Publikums an der Oper gründete. Seit 1453 war das Osmanische Reich in den Köpfen der Menschen stetig präsent, wenn auch das Türkenbild seit dieser Zeit Wandlungen unterworfen war. Zunächst galten die „Türken" als feindliche Bedrohung für Europa und die Christenheit, dieses Bild wandelte sich durch den Verlust ihrer militärischen Stärke. Nach zahlreichen Niederlagen löste der „Türkenspott" die Furcht ab; parallel zur Wahrnehmung der Osmanisches Reiches als rückständige Region entwickelte sich eine Begeisterung und Faszination für das „Exotische".[44]

Interessanterweise schuf Mozart seine „Türkenoper" in einer Zeit, als Maria Theresia, die sich in ihren Herrschaftsjahren um freundschaftliche Beziehungen mit den ehemaligen Feinden bemüht hatte, nicht mehr lebte. Im Jahre 1782 unter Joseph II. trübten sich die Beziehungen zum Osmanischen Reich, eine neue Krise bahnte sich an.[45] Vermutlich waren ihm die aktuellen und historischen politisch-gesellschaftlichen Debatten über die Türken nicht entgangen, als er mit der Bearbeitung des Stoffes der „Entführung" begann. Dies spiegelt sich in der kontrastierenden Darstellung der „Türken" Selim und Osmin wider. Für die musikalische Illustration des ausländischen Sujets und dessen Figuren verwendet Mozart in seiner Oper im europäischen Kulturkreis traditionell „exotische" Stilmittel, bezieht sich dabei

---

[43] Zitat aus einem zeitgenössischen Zeitungsartikel nach Leonhart, Dorothea: Mozart: eine Biographie, Zürich 2005, S. 154.
[44] Siehe dazu Abschnitt 1.2.
[45] Altar 1956, S. 146f..

jedoch nicht unbedingt auf ursprünglich türkische Musik. Elisabeth Fiorioli stellt über Mozarts Werke hinausgehend in Bezug auf die gesamte Wiener Klassik fest, dass *„den türkischen Kolorit bestimmende Elemente nicht unbedingt auf original türkische rückführbar sind, sondern auch ungarische oder sogar italienische Herkunft aufweisen. Das Türkische in der Wiener Klassik ist also vielmehr eine exotisierende Reflexion des orientalischen Einflusses, indem sie mit anderen lokalen musikalischen Idiomen Mitteleuropas eine Synthese eingeht."*[46]

Neben der „türkischen" Musik steht insbesondere die Figur des Bassa Selim im Interesse der Wissenschaft. Durch die Ideen der Aufklärung im 18. Jahrhundert war es möglich, das „Fremde" objektiver zu beschreiben. Daraus erwuchs das populäre Bild des „edlen Wilden", der in Mozarts Oper durch Selim verkörpert wird.

Einige Forschungsbeiträge der letzten Jahrzehnte sehen in der Darstellung des türkischen Herrschers einen Bezug zu Gotthold Ephraim Lessings Lehrgedicht „Nathan der Weise", das nur wenige Jahre vor der „Entführung" im Jahr 1779 erschien. So beschreibt beispielsweise der Musikwissenschaftler Guido Bimberg in seinem Buch „Wer ein Liebchen hat gefunden – Mozarts „Entführung aus dem Serail" in ihrer Zeit", dass die idealisierte Figur des Sultans Saladin möglicherweise Anregungen für die Interpretation des Bassa Selim als humanistisches Vorbild geboten habe. Insbesondere die Ringparabel in Lessings Werk gelte als Plädoyer für Völkerverständigung; in ähnlicher Weise könne das weise Handeln des Herrschers in Mozarts Oper, der selbst über religiöse Differenzen hinwegsieht, als indirekte Formulierung der aufklärerischen Toleranzidee gewertet werden.[47]

Zusammenfassend lässt sich feststellen, dass Mozart die zeitgenössischen Betrachtungstendenzen des „Türkischen" in seiner „Entführung aus dem Serail" sowohl in Bezug auf die musikalische Gestaltung, als auch bei der Charakterisierung der zwei türkischen Figuren umsetzt. Neben der Umsetzung von traditionellen und aktuellen stereotypischen Bildern des „Osmanen" entwickelt Mozart, wahrscheinlich inspiriert von den Gedanken der Aufklärung, hier eine eigene politische Aussage. Durch gezielte Eingriffe in das Libretto der Oper arbeitet er die charakterlichen Differenzen zwischen Osmin und Selim heraus, um die verschiedenen Betrachtungsbilder des „Türken" in scharfem Kontrast

---

[46] Zitat von Fiorioli in: Csáky, Moritz: W.A. Mozart und die Pluralität der Habsburgermonarchie, S. 279, in: in: Europa im Zeitalter Mozarts, hrsg. von Csáky, Moritz und Pass, Walter, Wien [u.a.] 1995.

[47] Bimberg 1990, S. 48ff.

zueinander zu stellen. Beide sind im Verlauf der Handlung präsent; schließlich dominiert jedoch die Großherzigkeit des Bassas am Ende der Oper die Wahrnehmung des Geschehenen.

4.) Literatur

4.1) Sekundärliteratur:

Altar, Cevad Memduh: Wolfgang Amadeus Mozart im Lichte osmanisch-österreichischer Beziehungen, in: Revue Belge de Musicologie, Bd. 10, Brüssel 1956.

Bimberg, Guido: Wer ein Liebchen hat gefunden. Mozarts „Entführung aus dem Serail" in ihrer Zeit, Leipzig 1990.

Csáky, Moritz: W.A. Mozart und die Pluralität der Habsburgermonarchie, in: Europa im Zeitalter Mozarts, hrsg. von Csáky, Moritz und Pass, Walter, Wien [u.a.] 1995.

Csampai, Attila und Holland, Dietmar: Die Entführung aus dem Serail: Texte, Materialien, Kommentare, Hamburg 1983.

Eibach, Joachim: Annäherung – Abgrenzung – Exotisierung: Typen der Wahrnehmung „des Anderen" in Europa am Beispiel der Türken, Chinas und der Schweiz (16. bis frühes 19. Jahrhundert), in: Europäische Wahrnehmungen 1650-1850: interkulturelle Kommunikation und Medienereignisse, hrsg. von Eibach, Joachim und Carl, Horst, Hannover 2008.

Konrad, Felix: Von der „Türkengefahr" zu Exotismus und Orientalismus: Der Islam als Antithese Europas (1453-1914)?, in: Europäische Geschichte Online (EGO), hrsg. vom Institut für Europäische Geschichte (IEG), Mainz 2010. URL: http://www.ieg-ego.eu/konradf-2010-de

Leonhart, Dorothea: Mozart: eine Biographie, Zürich 2005.

Mahling, Christoph-Hellmut: Die Gestalt des Osmin in Mozarts „Entführung". Vom Typus zur Individualität, in: Archiv für Musikwissenschaft, 30. Jahrgang, H. 2, 1973.

Oberhoff, Bernd: Wolfang A. Mozart, Die Entführung aus dem Serail: ein psychoanalytischer Opernführer, Gießen 2008.

Pass, Walter: „Der Wiener musikalische Stil", in: Europa im Zeitalter Mozarts, hrsg. von Csáky, Moritz und Pass, Walter, Wien [u.a.] 1995.

Raffelt, Reiner: Wolfgang Amadé Mozart – Die Entführung aus dem Serail: Beobachtungen zu Text und Musik aus einer unüblichen Perspektive, Anif/Salzburg 2007.

Reinalter, Helmut: Aufgeklärter Absolutismus und Josephinismus, in: Der Josephinismus. Bedeutung, Einflüsse und Wirkungen, hrsg. von Reinalter, Helmut, Frankfurt am Main 1993

Reinhard, Kurt: Mozarts Rezeption türkischer Musik, in: Bericht über den Internationalen Musikwissenschaftlichen Kongress Berlin 1974, hrsg. von Kühn, Hellmut und Nitsche, Peter, Kassel 1980.

Splitt, Gerhard: Mozarts Musiktheater als Ort der Aufklärung: Die Auseinandersetzung des Komponisten mit der Oper im josephinischen Wien, Freiburg 1998.

4.2) Quellen:

Mozart, Wolfgang Amadeus: Mozart: Briefe und Aufzeichnungen Band III 1780-1786, hrsg. von der Internationalen Stiftung Mozarteum Salzburg. Gesammelt und erläutert von Bauer, Wilhelm A. und Deutsch, Otto Erich.

Mozart, Wolfgang Amadeus: Die Entführung aus dem Serail, mit: Reichmann, Wolfgang; Kenny, Yvonne [u.a.]; Chor des Opernhauses Zürich, Mozartorchester des Opernhauses Zürich, Nikolaus Harnoncourt.

Mozart, Wolfgang Amadeus: Die Entführung aus dem Serail, KV 384. Text von Christoph Friedrich Bretzner, bearbeitet von Johann Gottlieb Stephanie d.J., Klavierauszug nach dem Urtext der neuen Mozart-Ausgabe, Kassel [u.a.] 2007.